예쁜 손글씨로

한글 공부

도서 h출판 학은미디어

지도하시는 분(학부모, 교사)께

한글 읽기와 쓰기는 전 교과 학습의 기초가 됩니다. 특히 글씨쓰기는 두 뇌 발달과 집중력 향상, 고운 심성을 기르는 데 도움을 줍니다.

글씨를 잘 쓰는 어린이는 칭찬을 많이 받게 되어 학습 동기가 유발되고, 모든 일에 자신감을 갖게 되며, 다른 학습에도 전이 효과가 매우 큽니다.

이 책의 글씨는 30여 년간 초등학교 전학년 국어(쓰기) 교과서 경필 글씨를 담당하신 김영진 교장 선생님께서 직접 써 주셨습니다.

연필 잡는 방법과 앉아 쓰는 자세는 글씨쓰기에 큰 영향을 미치고, 신체 발육과 건강에도 관계됩니다.

글씨를 잘 쓴다는 것은 바르고 예쁜 글자의 모양〔字形〕을 이룬다는 것이므로, 자형에 관심을 갖고 인식하도록 지도하는 것이 가장 중요합니다.

한글 자형의 구조를 관찰하여 인식하도록 도와줍시다.
  - 같은 낱자라도 자리잡는 위치와 어떤 낱자를 만나느냐에 따라 모양이 달라지기 때문에 획의 방향, 길이, 간격 등을 잘 관찰하면서 쓰도록 하면 효과가 큽니다.
  - 모범자를 보고 쓴 자기 글씨를 비교·관찰하면서, 잘된 부분과 그렇지 않은 부분을 찾아보게 하면 바른 자형의 조건을 인식하는 데 도움이 됩니다.

4등분된 네모 칸에 중심을 잡아 글자를 배치하는 것이 어린이들에겐 쉽지 않기 때문에 글자의 시작 지점〔始筆點〕 선정을 잘하도록 도와줍시다.

하루에 많은 분량을 쓰게 하면 글씨쓰기에 흥미를 잃을 수 있습니다.

막연한 칭찬보다는 구체적으로 지적하며 칭찬해 주는 것이 효과적입니다.

이 책의 구성과 활용 방법

어린이가 꼭 알고 주의해야 할 사항을 지시문에 담았어요.

흐린 글씨를 따라 쓰고 빈칸에 여러 번 써 봄으로써 충실한 쓰기 연습이 이루어져요.

시원한 크기의 모눈 칸에 쓰도록 하여 바르고 아름다운 글씨체를 익힐 수 있어요.

빈칸에 쓴 글씨는 지우개로 지우고 다시 연습해도 좋아요.

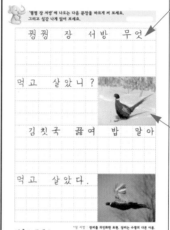

국어 공부(듣기·말하기, 읽기, 쓰기)를 할 때 도움이 되는 내용을 두루 익힐 수 있어요.

생생한 실물 사진과 재미있는 그림으로 학습 효과를 높이고 보는 즐거움을 더했어요.

도움말을 곁들여 머릿속에 쏙쏙 들어와요.

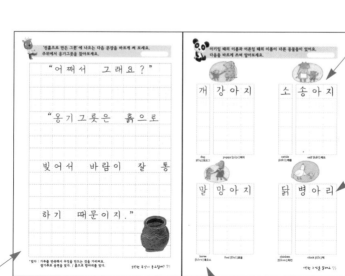

우리말의 구성 원리를 자연스럽게 익히고, 어휘력을 쑥쑥 키워요.

30여 년간 국어 교과서의 글씨를 쓴 김영진 교장 선생님께서 직접 써 주신 모범 글씨체를 익혀요.

실제 원고지와 똑같이 꾸며, 쓰기 연습을 하면서 원고지 사용법과 문장 부호의 쓰임새를 자연스럽게 익힐 수 있어요.

초등학교 어린이 수준에 맞는 영어 단어도 곁들여 더욱 재미있어요. (영어 발음은 참고용으로, 국제 음성 기호에 최대한 가까운 우리말 표기를 곁들였어요.)

어린이는
나라의 기둥이 될
조국의 새싹이요
온 겨레의 희망입니다.

한글은
우리 조상들이 물려 주신
겨레의 보배입니다.

이것으로
눈을 뜨고
마음과 지식을 살찌워서
밝은 내일을 열어 갑니다.

이것으로
우리가 한 핏줄임을 알고
뜨거운 정을 나누면서
찬란한 배달 문화를 창조합니다.

바르게 읽고, 바르게 쓰기는
한글을 갈고닦아 윤이 나게 하는
나라 사랑의 첫걸음입니다.

사랑스런 어린이들과
자랑스런 한글의 장래에
무궁한 발전과 영광이 있기를 빌면서……

글씨쓴이 김영진

우리말 꾸러미

우리말 꾸러미는 국어 공부(듣기 · 말하기, 읽기, 쓰기)를 할 때에 도움이 되는 내용을 모아 정리해 놓은 보물 상자입니다.
충실히 공부하여 단원 학습을 할 때에 활용하고, 여기에 담긴 내용을 바탕으로 공부를 더 하여 보세요.

❶ 자음자와 모음자의 이름을 알고 바르게 써 봅니다.

❷ 자음자와 모음자를 합하여 받침 없는 글자를 만들고 글씨를 써 봅니다.

❸ < 모양, ∧ 모양, ◇ 모양 등 글자의 모양을 잘 생각하며 예쁘게 써 봅니다.

❹ 자음자의 위치에 따라 글씨가 달라짐을 알고, 낱말을 바르게 써 봅니다.

❺ 낱자 사이의 간격을 생각하며 가로선/세로선에 맞추어 낱말을 바르게 써 봅시다.

❻ 틀리기 쉬운 말, 서로 쓰임이 다른 말을 알아보고 써 봅니다.

❼ 띄어쓰기를 바르게 하여 문장을 써 봅니다.

❽ ㄱ,ㄲ,ㅋ/ ㄷ,ㄸ,ㅌ/ㅂ,ㅃ,ㅍ 소리를 비교하여 낱말을 읽고 써 봅니다.

❾ ㄴ,ㅁ,ㅂ의 위치에 따른 소리에 주의하여 낱말을 읽고 써 봅니다.

❿ 가족, 친척을 부르는 말에 대해 알아보고 바르게 써 봅니다.

⓫ 낱말을 읽을 때 소리와 쓸 때의 글자가 다름을 알고, 바르게 써 봅니다.

⓬ 문장을 알맞게 띄어 읽고 써 봅니다.

ㄱ부터 ㅅ까지 자음자의 이름을 큰 소리로 읽고,
자음자를 순서에 맞게 바르게 써 보세요.

기역	니은	디귿	리을	미음	비읍	시옷
ㄱ	ㄴ	ㄷ	ㄹ	ㅁ	ㅂ	ㅅ
ㄱ	ㄴ	ㄷ	ㄹ	ㅁ	ㅂ	ㅅ
ㄱ	ㄴ	ㄷ	ㄹ	ㅁ	ㅂ	ㅅ
ㄱ	ㄴ	ㄷ	ㄹ	ㅁ	ㅂ	ㅅ
ㄱ	ㄴ	ㄷ	ㄹ	ㅁ	ㅂ	ㅅ

ㅇ부터 ㅎ까지 자음자의 이름을 큰 소리로 읽고,
자음자를 순서에 맞게 바르게 써 보세요.

이응	지읒	치읓	키읔	티읕	피읖	히읗
ㅇ	ㅈ	ㅊ	ㅋ	ㅌ	ㅍ	ㅎ
○	ス	え	ㅋ	ㅌ	ㅍ	ㅎ
	ス	え	ㅋ	ㅌ	ㅍ	ㅎ
○	ス	え	ㅋ	ㅌ	ㅍ	ㅎ
○	ス	え	ㅋ	ㅌ	ㅍ	ㅎ

모음자 ㅏ, ㅑ, ㅓ, ㅕ, ㅗ, ㅛ, ㅜ를 순서에 맞게 바르게 써 보세요.
각 모음자의 이름을 큰 소리로 읽어 보세요.

아	야	어	여	오	요	우
ㅏ	ㅑ	ㅓ	ㅕ	ㅗ	ㅛ	ㅜ

모음자 ㅠ, ㅡ, ㅣ, ㅐ, ㅒ, ㅔ, ㅖ를 순서에 맞게 바르게 써 보세요.
각 모음자의 이름을 큰 소리로 읽어 보세요.

유	으	이	애	얘	에	예
ㅠ	ㅡ	ㅣ	ㅐ	ㅒ	ㅔ	ㅖ
ㅠ	ㅡ	ㅣ	ㅐ	ㅒ	ㅔ	ㅖ
ㅠ	ㅡ	ㅣ	ㅐ	ㅒ	ㅔ	ㅖ
ㅠ	ㅡ	ㅣ	ㅐ	ㅒ	ㅔ	ㅖ
ㅠ	ㅡ	ㅣ	ㅐ	ㅒ	ㅔ	ㅖ

자음자와 모음자를 합하여 글자를 만들고 바르게 글씨를 써 보세요.
완성한 글자를 큰 소리로 읽어 보세요.

모음자 / 자음자	ㅏ	ㅑ	ㅓ	ㅕ	ㅗ	ㅛ	ㅜ	ㅠ
ㄱ	가	갸	거	겨	고	교	구	규
ㄴ	나	냐	너	녀	노	뇨	누	뉴
ㄷ	다	댜	더	뎌	도	됴	두	듀
ㄹ	라	랴	러	려	로	료	루	류
ㅁ	마	먀	머	며	모	묘	무	뮤

자음자와 모음자를 합하여 글자를 만들고 바르게 글씨를 써 보세요.
완성한 글자를 큰 소리로 읽어 보세요.

모음자 자음자	ㅏ	ㅑ	ㅓ	ㅕ	ㅗ	ㅛ	ㅜ	ㅠ
ㅂ	바	뱌	버	벼	보	뵤	부	뷰
ㅅ	사	샤	서	셔	소	쇼	수	슈
ㅇ	아	야	어	여	오	요	우	유
ㅈ	자	쟈	저	져	조	죠	주	쥬
ㅊ	차	챠	처	쳐	초	쵸	추	츄

자음자와 모음자를 합하여 글자를 만들고 바르게 글씨를 써 보세요.
완성한 글자를 큰 소리로 읽어 보세요.

모음자 / 자음자	ㅏ	ㅑ	ㅓ	ㅕ	ㅗ	ㅛ	ㅜ	ㅠ
ㅋ	카	캬	커	켜	코	쿄	쿠	큐
ㅌ	타	탸	터	텨	토	툐	투	튜
ㅍ	파	퍄	퍼	펴	포	표	푸	퓨
ㅎ	하	햐	허	혀	호	효	후	휴

자음자와 모음자를 합하여 글자를 만들어
빈칸을 채워 보세요.

모음자 자음자	ㅏ	ㅑ	ㅓ	ㅕ	ㅗ	ㅛ	ㅜ	ㅠ
ㄱ								
ㄴ								
ㄷ								
ㄹ								
ㅁ								
ㅂ								
ㅅ								
ㅇ								
ㅈ								
ㅊ								
ㅋ								
ㅌ								
ㅍ								
ㅎ								

앙! 너무
어려워.

내겐 식은
죽 먹기…

글자의 모양을 생각하며 낱말을 바르게 써 보세요.
< ∧ 모양이 되었는지 확인해 보세요.

다   도

다 니 다	다 듬 이	태 권 도
다 니 다	다 듬 이	태 권 도
다 니 다	다 듬 이	태 권 도

더 디 다	도 구	도 라 지	포 도
더 디 다	도 구	도 라 지	포 도
더 디 다	도 구	도 라 지	포 도

글자의 모양을 생각하며 낱말을 바르게 써 보세요.
◇ 모양이 되었는지 확인해 보세요.

두부	앵두	두더지	구두

두드리다	두루미	두꺼비

글자의 모양을 생각하며 낱말을 바르게 써 보세요.
< ∧ 모양이 되었는지 확인해 보세요.

마 모

마 늘	머 리	며 느 리	모 자
마늘	머리	며느리	모자
마늘	머리	며느리	모자

마 귀	모 내 기	모 닥 불	묘 기
마귀	모내기	모닥불	묘기
마귀	모내기	모닥불	묘기

글자의 모양을 생각하며 낱말을 바르게 써 보세요.
◇ 모양이 되었는지 확인해 보세요.

무 지 개	무 겁 다	무 게	나 무

무 력 무 력	무 너 지 다	골 무

자음자의 위치에 따라 글씨가 달라져요.
자음자의 위치를 생각하며 낱말을 바르게 써 보세요.

가	고	국	나	노	논

가방	고무	고래	국기	국민
가방	고무	고래	국기	국민
가방	고무	고래	국기	국민

나무	나귀	노래	노루	논밭
나무	나귀	노래	노루	논밭
나무	나귀	노래	노루	논밭

자음자의 위치에 따라 글씨가 달라져요.
자음자의 위치를 생각하며 낱말을 바르게 써 보세요.

다 도 돋

다 람 쥐	도 깨 비	돋 보 기
다 람 쥐	도 깨 비	돋 보 기
다 람 쥐	도 깨 비	돋 보 기

다 시 마	도 라 지	돋 아 나 다
다 시 마	도 라 지	돋 아 나 다
다 시 마	도 라 지	돋 아 나 다

자음자의 위치에 따라 글씨가 달라져요.
자음자의 위치를 생각하며 낱말을 바르게 써 보세요.

| 마 | 모 | 몸 | | 바 | 보 | 봅 |

마무리　모기장　몸통　몸속

바가지　보금자리　봅시다

사 수 숫

사진　수건　숫자　사수숫

사슴벌레　수도꼭지　숫양

자음자의 위치에 따라 글씨가 달라져요.
자음자의 위치를 생각하며 낱말을 바르게 써 보세요.

| 까 | 꼬 | 깍 | 따 | 또 | 딱 |

까 닭	꼬 까 신	깍 두 기

따 갑 다	또 렷 이	딱 지	딱 총

자음자의 위치에 따라 글씨가 달라져요.
자음자의 위치를 생각하며 낱말을 바르게 써 보세요.

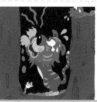

빠	뽀	빡

빠	지	다
빠	지	다
빠	지	다

뽀	얗	다
뽀	얗	다
뽀	얗	다

빡	빡	하	다
빡	빡	하	다
빡	빡	하	다

오	빠
오	빠
오	빠

빠	르	다
빠	르	다
빠	르	다

뽀	글	뽀	글
뽀	글	뽀	글
뽀	글	뽀	글

 들 글 풀

들판	글씨	풀밭	골목	물건
들판	글씨	풀밭	골목	물건
들판	글씨	풀밭	골목	물건

국물	동쪽	금붕어	붙들다
국물	동쪽	금붕어	붙들다
국물	동쪽	금붕어	붙들다

묻 다	술 래	율 동	이 슬	오 늘
묻 다	술 래	율 동	이 슬	오 늘
묻 다	술 래	율 동	이 슬	오 늘

심 부 름	만 들 다	버 들 가 지
심 부 름	만 들 다	버 들 가 지
심 부 름	만 들 다	버 들 가 지

낱자 사이의 간격을 생각하며 세로선에 맞추어
낱말을 바르게 써 보세요.

삐 어 게

삐 끗　어 머 니　게 으 름　배 추

비 행 기　덮 개　기 차　이 야 기

낱자 사이의 간격을 생각하며 세로선에 맞추어
낱말을 바르게 써 보세요.

글 씨	바 늘	맛 있 다	강 아 지
글 씨	바 늘	맛 있 다	강 아 지
글 씨	바 늘	맛 있 다	강 아 지

비 둘 기	사 투 리	가 장 자 리
비 둘 기	사 투 리	가 장 자 리
비 둘 기	사 투 리	가 장 자 리

다음 낱말을 큰 소리로 읽으며 ㄱ, ㄲ, ㅋ 소리를 비교해 보고,
바르게 써 보세요.

고 리	꼬 리	코 끼 리	꿩	콩

감	까 마 귀	칼	꿈	컴 퓨 터

다음 낱말을 큰 소리로 읽으며 ㄴ 소리를 살펴보고,
바르게 써 보세요.

나 비 | 수 건

노 래 | 민 들 레

냄 새 | 누 나

기 분 | 눈 | 풍 선

달	딸	탈	도 라 지	똥	토 끼
달	딸	탈	도 라 지	똥	토 끼
달	딸	탈	도 라 지	똥	토 끼

다 리 미	따 오 기	태 극 기
다 리 미	따 오 기	태 극 기
다 리 미	따 오 기	태 극 기

다음 낱말을 큰 소리로 읽으며 ㄹ 소리를 살펴보고,
바르게 써 보세요.

라	디	오
발	리	어	카
부	르	다

라	면
텔	레	비	전
할	아	버	지

하 마	참 외	무	시 금 치	마 늘
하 마	참 외	무	시 금 치	마 늘
하 마	참 외	무	시 금 치	마 늘

마 루	군 밤	마 을	머 리	소 금
마 루	군 밤	마 을	머 리	소 금
마 루	군 밤	마 을	머 리	소 금

다음 낱말을 큰 소리로 읽으며 ㅂ, ㅃ, ㅍ 소리를 비교해 보고, 바르게 써 보세요.

바 지	빠 르 다	파 도	방	빵

불	뿔	풀	부 채	뿌 리	푸 딩

가족과 친척을 부르는 말을 바르게 써 보세요.
(아버지 쪽 친척)

할	아	버	지
할	아	버	지

할	머	니
할	머	니

큰	아	버	지
큰	아	버	지

큰	어	머	니
큰	어	머	니

사	촌
사	촌

고	모	부
고	모	부

고	모
고	모

고	종	사	촌
고	종	사	촌

34 글씨체 바로잡기와 받아쓰기

가족과 친척을 부르는 말을 바르게 써 보세요.
(어머니 쪽 친척)

외	할	아	버	지
외	할	아	버	지

외	할	머	니
외	할	머	니

외	삼	촌
외	삼	촌

외	숙	모
외	숙	모

외	사	촌
외	사	촌

이	모	부
이	모	부

이	모
이	모

이	종	사	촌
이	종	사	촌

나와 가족을 가리키는 말을 바르게 써 보세요.

누 나	누 이		형	동 생	나	저

언 니	동 생	오 빠	이 름	성 함

*성함 : 이름의 높임말. 어른의 '이름'은 '성함'이라고 해야 해요.

다음 문장을 띄어쓰기에 맞게 바르게 써 보세요.
큰 소리로 띄어 읽어 보세요.

여름에는맛있는과일이많습니다.

| 여 | 름 | 에 | 는 | | 맛 | 있 | 는 | | 과 | 일 |
| 이 | | 많 | 습 | 니 | 다 | . | | | | |

열심히노력하면무엇이든할수있어요.

| 열 | 심 | 히 | | 노 | 력 | 하 | 면 | | 무 | 엇 |
| 이 | 든 | | 할 | | 수 | | 있 | 어 | 요 | . |

책을읽으면생각이깊어집니다.

| 책 | 을 | | 읽 | 으 | 면 | | 생 | 각 | 이 |
| 깊 | 어 | 집 | 니 | 다 | . | | | | |

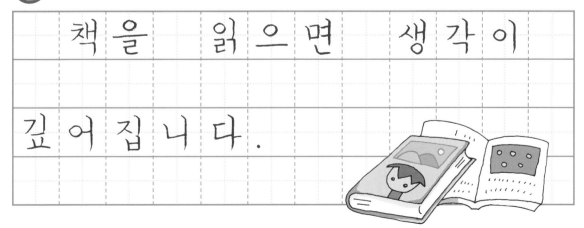

노마는 고양이처럼 부

억으로 들어갑니다. 그리

고 선반 위에 얹힌 북

어 한 마리를 물어 내

*북어 : 말린 명태. 특히 얼부풀어 더덕처럼 마른, 빛깔이 누르고 살이 연한 북어를 '황태' 라고 해요.

옵니다. 고양이란 놈은

이런 것을 곧잘 물어

가니까요.

"쟤들이 뭘 해?"

틀리기 쉬운 낱말을 잘 살펴보고,
바르게 써 보세요.

×햇님

해	님
해	님
해	님

×찌게

찌	개
찌	개
찌	개

×무릅

무	릎
무	릎
무	릎

×오손도손

오	순	도	순
오	순	도	순
오	순	도	순

×몹씨

몹	시
몹	시
몹	시

×이쁜

예	쁜
예	쁜
예	쁜

×배개를 배다

베	개
베	개
베	개

베	다
베	다
베	다

＊낫으로 풀을 베다. / 과일을 깎다 손을 베다. / 베개를 베다.

틀리기 쉬운 낱말을 잘 살펴보고,
바르게 써 보세요.

×발자욱
발 자 국

×떡복기
떡 볶 이

×눈꼽
눈 곱

×눈섭
눈 썹

×나래
날 개

×개구장이
개 구 쟁 이

×옹기쟁이
옹 기 장 이

※어떠한 기술을 가진 사람을 이를 때는 ~쟁이라고 하지 않고
~장이라고 해요. 칠장이, 유기장이 등.

글자는 비슷하지만 서로 뜻이 다른 낱말의 뜻을 정확히 알고,
낱말을 바르게 써 보세요.

껍	데	기
껍	데	기
껍	데	기

껍	질
껍	질
껍	질

장	수
장	수
장	수

장	사
장	사
장	사

바	래	다
바	래	다
바	래	다

바	라	다
바	라	다
바	라	다

달걀이나 조개 등의 겉을 싸고 있는 단단한 물질은 껍데기, 사과나 참외 등의 거죽을 싸고 있는 질긴 물질의 켜는 껍질.

힘이 아주 센 사람은 장사, 물건을 파는 사람은 장수.

생각대로 되기를 원하는 것은 바라다, 볕이나 습기를 받아 색깔이 변하는 것은 바래다.

글자는 비슷하지만 서로 뜻이 다른 낱말의 뜻을 정확히 알고,
낱말을 바르게 써 보세요.

봉 오 리	봉 우 리	짖 다	짓 다

쌓 이 다	싸 이 다

🐭 맺히어 아직 피지 않은
꽃은 꽃봉오리, 산꼭대기의
뾰족한 머리는 산봉우리.

🐶 크게 소리를 내는 것은
짖다, 무엇을 만드는 것은
짓다.

🐰 겹겹이 포개어지는 것은
쌓이다, 둘러쌈을 당하는 것
은 싸이다.

낱말을 정확하게 소리 내어 읽고, 바르게 써 보세요.
읽을 때의 소리와 쓸 때의 글자가 다른 데 주의하세요.

구더도

굳어도

나라서

날아서

노그니

녹으니

도라서

돌아서

마가서

막아서

머거도

먹어도

낱말을 정확하게 소리 내어 읽고, 바르게 써 보세요.
읽을 때의 소리와 쓸 때의 글자가 다른 데 주의하세요.

무르니
물 으 니

미더서
믿 어 서

아나야
안 아 야

이그면
익 으 면

수기고
숙 이 고

파무꼬
파 묻 고

낱말을 정확하게 소리 내어 읽고, 바르게 써 보세요.
읽을 때의 소리와 쓸 때의 글자가 다른 데 주의하세요.

가마서

감	아	서
감	아	서
감	아	서

가타야

같	아	야
같	아	야
같	아	야

가프며

값	으	며
값	으	며
값	으	며

나자서

낮	아	서
낮	아	서
낮	아	서

수머서

숨	어	서
숨	어	서
숨	어	서

씨서도

씻	어	도
씻	어	도
씻	어	도

낱말을 정확하게 소리 내어 읽고, 바르게 써 보세요.
읽을 때의 소리와 쓸 때의 글자가 다른 데 주의하세요.

알마즌

알	맞	은
알	맞	은

우스니

웃	으	니
웃	으	니

자브니

잡	으	니
잡	으	니

쪼차도

쫓	아	도
쫓	아	도
쫓	아	도

어퍼져

엎	어	져
엎	어	져
엎	어	져

비저서

빗	어	서
빗	어	서
빗	어	서

낱말을 정확하게 소리 내어 읽고, 바르게 써 보세요.
읽을 때의 소리와 쓸 때의 글자가 다른 데 주의하세요.

굴므니

굶	으	니
굶	으	니
굶	으	니

날가도

낡	아	도
낡	아	도
낡	아	도

널브면

넓	으	면
넓	으	면
넓	으	면

늘그면

늙	으	면
늙	으	면
늙	으	면

뚜러서

뚫	어	서
뚫	어	서
뚫	어	서

마느니

많	으	니
많	으	니
많	으	니

낱말을 정확하게 소리 내어 읽고, 바르게 써 보세요.
읽을 때의 소리와 쓸 때의 글자가 다른 데 주의하세요.

살므면
삶 으 면
삶 으 면
삶 으 면

안자서
앉 아 서
앉 아 서
앉 아 서

업써도
없 어 도
없 어 도
없 어 도

을퍼서
읊 어 서
읊 어 서
읊 어 서

끄려서
끓 여 서
끓 여 서
끓 여 서

가엽써
가 엾 어
가 엾 어
가 엾 어

낱말을 정확하게 소리 내어 읽고, 바르게 써 보세요.
읽을 때의 소리와 쓸 때의 글자가 다른 데 주의하세요.

●꼿　●닥　●밧　●빗　●숩　●옷　●박　●갑

꽃	닭	밭	빛	숲	옷	밖	값
꽃	닭	밭	빛	숲	옷	밖	값

●엽　●낟　●입　●진흑　●무릅　●부억

옆	낫	잎	진 흙	무 릎	부 엌
옆	낫	잎	진 흙	무 릎	부 엌

느낌을 말해요

- 일기란 무엇이며 어떻게 쓰면 좋을지 알아보고, 일기의 내용을 써 봅니다.
- 반복되는 말이나 재미있는 말의 느낌을 살려 시나 이야기를 읽고, 바르게 써 봅니다.
- 이야기에 나오는 인물의 말에 나타난 마음을 알아보고, 바르게 써 봅니다.
- 교과서에 나오는 재미있는 동물 이름을 써 봅니다.
- 아기일 때와 어른일 때의 이름, 암컷과 수컷을 이르는 동물 이름을 알아보고 써 봅니다.
- '사이시옷'이 붙은 낱말을 살펴보고 써 봅니다.
- 시나 이야기에 나오는 재미있는 말, 꾸미는 말을 꼼꼼히 살펴보고 바르게 써 봅니다.

일기는 그날그날 겪은

일이나 생각, 느낌 등을

쓴 글이다. 더 나은 내

일을 가꾸는 데도 좋다.

*원고지 사용 TIP : 문장이 시작될 때는 첫 칸을 비워요. 문장이 2행
이상일 경우, 두 번째 줄부터는 첫 칸을 비우지 않아요.

어떤 것을 일기에 쓰면 좋을지 생각해 보고,
다음 문장을 바르게 써 보세요.

"이제는 심부름도 척

척 잘하고, 다 컸구나." *

하며 칭찬해 주셨다.

정말 기쁜 하루였다.

＊마침표(.)와 닫는따옴표(")가 첫 칸에 오게 될 경우, 마침표는 마지막 글자와
같은 칸에, 닫는따옴표는 마지막 칸 옆에 붙여 써요.

다음의 재미있는 동물 이름을 바르게 쓰고,
큰 소리로 또박또박 읽어 보세요.

소 시 랑 게	방 아 깨 비	황 새

게 crab[kræb] 크랩 locust [lóukəst] 로우커스트 stork [stɔ́ːrk] 스토오크

쇠 똥 구 리	개 똥 벌 레	멸 치

dung beetle [dʌ́ŋ bìːtl] 덩 비이틀   glowworm [glóuwə̀ːrm] 글로우워엄   anchovy [ǽntʃouvi] 앤쵸우비

*소시랑게 : 집게가 소시랑(갈퀴 모양의 농기구인 쇠스랑의
전라도 사투리)처럼 생긴 게.

아기일 때의 이름과 어른일 때의 이름이 다른 동물들이 있어요.
다음을 바르게 쓰며 알아보세요.

개	강	아	지

dog
[dɔ́:g] 도오그

puppy [pʌ́pi] 퍼피

소	송	아	지

cattle
[kǽtl] 캐틀

calf [kǽf] 캐프

말	망	아	지

horse
[hɔ́:rs] 호오스

foal [fóul] 포울

닭	병	아	리

chicken
[tʃíkən] 치컨

chick [tʃík] 칙

*암소, 특히 젖소는 cow, 황소(수소)는 ox 또는 bull이라고도 해요.

1단원 느낌을 말해요 55

다음 동물의 이름을 바르게 쓰고, 큰 소리로 읽어 보세요.
그리고 각 동물에 대해 이야기해 보세요.

기린	까치	거북	개미	꿩
기린	까치	거북	개미	꿩
기린	까치	거북	개미	꿩

하늘소	진딧물	호랑나비
하늘소	진딧물	호랑나비
하늘소	진딧물	호랑나비

다음 동물의 이름을 바르게 쓰고, 큰 소리로 읽어 보세요.
그리고 각 동물에 대해 이야기해 보세요.

돼 지	코 뿔 소	오 리	호 랑 이
돼 지	코 뿔 소	오 리	호 랑 이
돼 지	코 뿔 소	오 리	호 랑 이

다 람 쥐	지 렁 이	어 름 치	곰
다 람 쥐	지 렁 이	어 름 치	곰
다 람 쥐	지 렁 이	어 름 치	곰

*어름치 : 잉엇과의 민물고기. 우리나라 특산종으로
천연기념물 제259호.

다음 전래 동요를 바르게 써 보세요.
그리고 실감 나게 읽어 보세요.

꿩꿩 장 서방 무엇

먹고 살았니?

김칫국 끓여 밥 말아

먹고 살았다.

*장 서방 : 장끼를 의인화한 표현. 장끼는 수꿩의 다른 이름.

'사이시옷'을 붙인 다음 낱말을 바르게 쓰고,
이와 같이 사이시옷이 붙은 낱말을 찾아보세요.

김	칫	국
김	칫	국
김	칫	국

봇	도	랑
봇	도	랑
봇	도	랑

바	닷	물
바	닷	물
바	닷	물

냇	가
냇	가
냇	가

하	룻	밤
하	룻	밤
하	룻	밤

수	돗	물
수	돗	물
수	돗	물

종	잇	장
종	잇	장
종	잇	장

햇	볕
햇	볕
햇	볕

찻	잔
찻	잔
찻	잔

나	뭇	가	지
나	뭇	가	지
나	뭇	가	지

두 말을 합하여 만든 낱말에서, 앞말이 모음자로 끝날 때에 앞말에 ㅅ을 받쳐 적는 것들이 있는데 이때의 ㅅ을 '사이시옷'이라고 한다. 뒷말의 첫소리가 된소리로 나거나, 뒷말의 첫소리가 ㄴ, ㅁ, 또는 모음일 때 ㄴ이나 ㄴㄴ 소리가 덧날 때 '사이시옷'을 붙인다.

다음 낱말을 바르게 쓰고, 동물의 암컷과 수컷을 부르는 이름에 대해 알아보세요.

암 탉	수 탉	장 닭	장 끼	수 꿩
암 탉	수 탉	장 닭	장 끼	수 꿩
암 탉	수 탉	장 닭	장 끼	수 꿩

암 소	수 소	황 소	까 투 리
암 소	수 소	황 소	까 투 리
암 소	수 소	황 소	까 투 리

*장닭 : 수탉.   *까투리 : 암꿩.

다음 낱말을 바르게 쓰고, 동물의 암컷과 수컷을 부르는 이름에 대해 알아보세요.

고양이는 '암고양이, 수고양이' 라고 한대요.

암	돼	지	수	돼	지	암	캐	수	캐
암	돼	지	수	돼	지	암	캐	수	캐
암	돼	지	수	돼	지	암	지	수	캐

암	양	숫	양	암	염	소	숫	염	소
암	양	숫	양	암	염	소	숫	염	소
암	양	숫	양	암	염	소	숫	염	소

까마득한 옛날 일이야. *

어디선가 큰 할머니가

바닷물을 철렁철렁 일으

키며 제주도에 건너왔어.

*마침표(.)나 쉼표(,)가 행 첫 칸에 오게 될 경우,
위 행 마지막 칸에 글자와 함께 써요.

| 할 | 망 | 은 | | 손 | 으 | 로 | | 산 | 꼭 | 대 |

| 기 | : | 흙 | 을 | | 퍽 | 퍽 | | 퍼 | 내 | 서 |

| 앉 | 기 | | 좋 | 게 | | 만 | 들 | 었 | 지 | . | | 그 |

| 것 | 이 | | 바 | 로 | | 백 | 록 | 담 | 이 | 야 | . |

*백록담 : 한라산 봉우리의 호수. 화산이 불을 뿜던 자리에
생긴 것으로 '백록'은 '하얀 사슴'이란 뜻이에요.

1단원 느낌을 말해요 63

| 까 | 마 | 득 | 한 | | 옛 | 날 | | 깊 | 은 | | 물 |

| 편 | 평 | 한 | | 섬 | | 넓 | 은 | | 치 | 마 | 폭 |

| 뾰 | 족 | 한 | | 산 | 꼭 | 대 | 기 | | 큰 | | 옷 |

| 얕 | 은 | | 물 | | 쉬 | 운 | | 일 |

2단원

알고 싶어요

- 설명하는 글에 대해 살펴보고, 바르게 써 봅니다.
- 중요한 내용을 소개하는 글에 대해 알아보고, 바르게 써 봅니다.
- 잘못 쓰기 쉬운 낱말에 주의하며 문장과 낱말을 바르게 써 봅니다.
- 뜻이 반대인 낱말을 비교하여 살펴보고, 바르게 써 봅니다.

잘못 쓰기 쉬운 낱말에 주의하며 다음 문장을 바르게 써 보세요.
그리고 큰 소리로 읽어 보세요.

이를 깨끗이 닦습니다.

예쁜 꽃이 많습니다.

민물 새우의 더듬이를

관찰하였습니다. 더듬이

잘못 쓰기 쉬운 낱말을 잘 살펴보고, 바르게 써 보세요.
그리고 큰 소리로 읽어 보세요.

×나드리   ×마는   ×가치   ×보앗다

나 들 이	많 은	같 이	보 았 다
나 들 이	많 은	같 이	보 았 다
나 들 이	많 은	같 이	보 았 다

호 랑 이	꼬 리	여 우	원 숭 이
호 랑 이	꼬 리	여 우	원 숭 이
호 랑 이	꼬 리	여 우	원 숭 이

우아, 엄청 긴 이름이다!

호랑이 꼬리 여우 원숭이?

황새는 부리를 깃털

사이에 파묻고 한쪽 다

리로 서서 잡니다.

기린도 서서 자는 동

물입니다. 적이 나타나면

빨리 도망갈 수 있도록

주로 서서 꾸벅꾸벅 조

는 듯이 잡니다.

뜻이 반대인 낱말을 서로 비교하며 살펴보고,
바르게 써 보세요.

먼	저	나	중
먼	저	나	중
먼	저	나	중

before [bifɔ́:r] 비포오　　after [ǽftər] 애프터

다	른	같	은
다	른	같	은
다	른	같	은

different
[dífərənt] 디퍼런트　　same [séim] 세임

가	벼	운	무	거	운	줄	여	늘	여
가	벼	운	무	거	운	줄	여	늘	여
가	벼	운	무	거	운	줄	여	늘	여

light [láit] 라이트　　heavy [hévi] 헤비　　decrease
[dikrí:s] 디크리이스　　increase
[inkrí:s] 인크리이스

뜻이 반대인 낱말을 서로 비교하며 살펴보고,
바르게 써 보세요.

깨	끗	한

더	러	운

많	이

적	게

clean [klíːn] 클리인   dirty [də́ːrti] 더어티   much [mʌ́tʃ] 머춰   little [lítl] 리틀

가운데

가장자리

작	은

큰

가	장	자	리

가	운	데

small [smɔ́ːl] 스모올   big [bíg] 빅   corner [kɔ́ːrnər] 코오너   center [séntər] 센터

뜻이 반대인 낱말을 서로 비교하며 살펴보고,
바르게 써 보세요.

길 다	짧 다
길 다	짧 다
길 다	짧 다

long [lɔ́ːŋ] 로옹   short [ʃɔ́ːrt] 쇼오트

높 다	낮 다
높 다	낮 다
높 다	낮 다

high [hái] 하이   low [lóu] 로우

넓 다	좁 다
넓 다	좁 다
넓 다	좁 다

wide [wáid] 와이드   narrow [nǽrou] 내로우

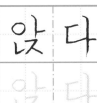

앉 다	서 다
앉 다	서 다
앉 다	서 다

sit [sít] 싯   stand [stǽnd] 스탠드

뜻이 반대인 낱말을 서로 비교하며 살펴보고,
바르게 써 보세요.

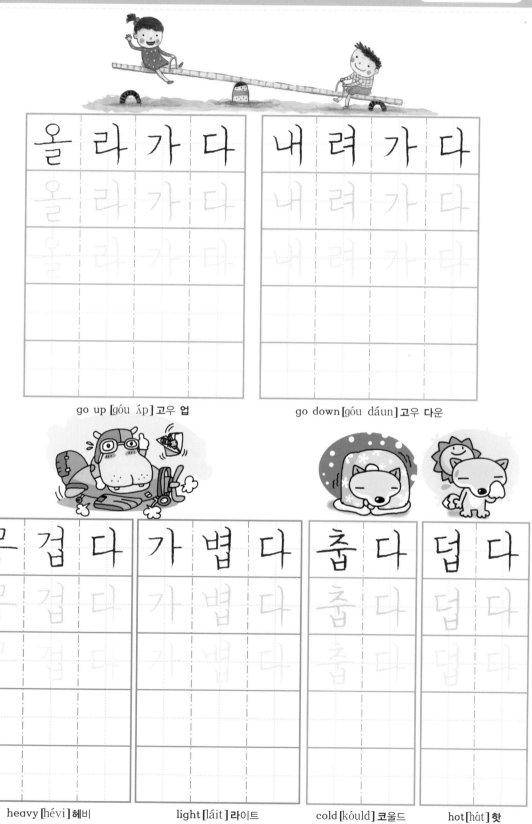

올	라	가	다

go up [góu áp] 고우 **업**

내	려	가	다

go down [góu dáun] 고우 **다운**

무	겁	다

heavy [hévi] **헤비**

가	볍	다

light [láit] **라이트**

춥	다

cold [kóuld] **코울드**

덥	다

hot [hát] **핫**

　　나는　초록색입니다. 나

는　길쭉합니다.

　　나는　둥근　모양입니다.

나는　단단합니다.

3단원

이런 생각이 들어요

- 부탁하는 글에 대해 살펴보고, 문장을 바르게 써 봅니다.
- 글을 읽고, 인물의 마음을 알아보고 써 봅니다.
- 재미있는 속담을 알아보고, 바르게 써 봅니다.

공부 시간에는 나에게

말을 걸지 않았으면 좋

겠어. 선생님 말씀을 잘

들을 수 없어서 그래.

다음의 부모님께 부탁하는 글을 바르게 쓰고, 여러분도 부모님께 부탁하고 싶은 말을 솔직하게 써 보세요.

맛있는 음식을 많이

만들어 주세요. 많이 먹

고 키가 쑥쑥 크고, 몸

도 튼튼해지고 싶어요.

수 진 이 의 　 가 슴 이 　 콩 닥

콩 닥 　 뛰 었 습 니 다 . 　 마 음 이

조 마 조 마 하 였 습 니 다 .

‘ 누 구 와 　 짝 이 　 될 까 ? ’ *

*닫는따옴표(’ 또는 ”)가 첫 칸에 오게 될 경우,
위 행 마지막 칸 옆에 붙여 써요.

다음을 바르게 쓰고, 큰 소리로 읽어 보세요.
누가 누구에게 한 말일까요?

"하지만, 저희를 놓아

주시면 점점 자라 크

게 될 게 아닙니까 ?

그때 잡으세요, 어부님."

＊대화글의 경우 큰따옴표(" ")와 작은따옴표(' ')는 앞의 한 칸을
비우고 써요. 다음 줄부터는 둘째 칸부터 글을 써요.

다음을 바르게 쓰고, 큰 소리로 읽어 보세요.
옆집 아저씨는 왜 꾸중을 하셨을까요?

어제 우리가 집 앞에

서 축구를 하는데, 이웃

집 아저씨께서 시끄럽다

고 하셨다. 꾸중을 들으

니 기분이 좋지 않았다.

우리도 마음 놓고 축

구할 수 있는 어린이

축구장이 있으면 좋겠다.

긴 코를 휘두르다.

뾰족한 뿔로 받다.

눈을 동그랗게 뜨다.

손뼉을 치며 좋아하다.

머리끝에 오는 잠 살

금살금 내려와

눈썹 밑에 모여들어

깜빡깜빡 스르르르

재미있는 속담의 뜻을 알아보고,
바르게 써 보세요.

가 는   말 이   고 와 야   오

는   말 이   곱 다 .

바 늘   가 는   데   실   간

다 .

가는 말이 고와야
오는 말이
고운 거야.

쳇, 네가 먼저
욕했잖아!

마음을 담아서

• 쪽지 글에 대해 살펴보고, 문장을 바르게 써 봅니다.

• 재미있는 장면을 상상하며 글을 읽고, 문장을 바르게 써 봅니다.

• 끝말을 이어 짧은 글을 짓고, 바르게 써 봅니다.

정훈이가 하늘이에게 보낸 쪽지의 글을 바르게 쓰고,
큰 소리로 읽어 보세요.

집에 갈 때, 나와 같

이 꽃밭에 가 보지 않

을래? 아침에 신기한

달팽이를 보았거든. 달팽

*물음표(?)와 느낌표(!) 다음에는 한 칸을 비워요.
반점(,)과 온점(.) 다음에는 칸을 비우지 않아요.

이가 잘 있는지 궁금해.

너와 꼭 가 보고 싶어.

달팽이　신기한　궁금해　꽃밭

오후에 우리 집에서

같이 숙제하지 않을래?

모르는 것을 서로 가르

쳐 주면 좋잖아?

다음을 바르게 쓰고, 큰 소리로 읽어 보세요.
재미있는 장면을 찾아 설명해 보세요.

책 책 책　책 책 책 책

응원을　하나　봐요

삼 삼 칠　박 수 를

어 디 서　배 웠 을 까

대철 같은 집에서 하

룻밤을 묵게 되었지.

새벽이 되었지. 두런거

리는 소리에 잠을 깼어.

*두런거리다 : 여럿이 나직한 목소리로 서로 이야기하다.

영감이 재주를 넘더니

호랑이로 변하네. 반쪽이

는 잽싸게 호랑이의 머

리에 주먹을 날렸지.

끝말을 이어 짧은 글을 지어요. 다음 문장을 바르게 쓰고, 여러분도 끝말잇기를 하여 짧은 글을 지어 보세요.

 달팽이 → 이사

달	팽	이	가		이	사	를		간	다	.

 코알라 → 라면

코	알	라	가		라	면	을		먹	는	다	.

 사자 → 자전거

사	자	가		자	전	거	를		탄	다	.

무엇이 중요할까?

- 설명하는 글에 대해 살펴보고, 문장을 바르게 써 봅니다.
- 중요한 내용을 간추리는 방법에 대해 알아보고, 문장을 바르게 써 봅니다.
- 글을 읽고, 중요한 내용을 정리하는 방법에 대해 알아봅니다.
- 설명하는 글을 읽고, 무엇을 알게 되었는지 써 봅니다.
- '비'를 나타내는 재미있는 우리말을 알아보고, 바르게 써 봅니다.

물고기의 눈을 설명한 다음 글을 바르게 써 보세요.
물고기의 눈이 사람의 눈과 다른 점은 무엇인가요?

물고기는 눈꺼풀이 없

기 때문에 눈을 뜨고

잠을 잡니다. 그러나 사

람은 눈을 감고 잡니다.

잠자리의 눈은 수만

개의 작은 눈으로 이루

어져 있습니다. 이것을

겹눈이라고 합니다.

"옹기그릇에 음식물을

담아 놓으면 쉽게 상

하지 않지. 맛도 더

좋아진단다."

다음을 바르게 쓰고, 큰 소리로 읽어 보세요.
주위에서 옹기그릇을 찾아보세요.

"어째서 그래요?"

"옹기그릇은 흙으로

빚어서 바람이 잘 통

하기 때문이지."

*빚다 : 가루를 반죽해서 무엇을 만드는 것을 가리켜요.
　　쌀가루로 송편을 빚다. / 흙으로 항아리를 빚다.

음료수나 음식물을 가

지고 들어가서는 안 됩

니다. 뛰어다니거나 큰

소리로 떠드는 행동으로

다음을 바르게 쓰고, 여러분이 이용하는 도서관에 대해
꼼꼼히 설명해 보세요.

다른   사람에게   피해를

주지   않아야   합니다. 푸

른꿈도서관에서   여러분의

꿈을   더   크게   키우세요.

*피해 : (신체·재산·명예 따위에) 손해를 입음.

'비'를 나타내는 여러 가지 재미있는 말을 바르게 써 보세요.
각각의 비를 설명해 보세요.

소나기	가랑비	이슬비

보슬비	여우비	진눈깨비

*여우비 : 볕이 난 날 잠깐 오다가 그치는 비.
*진눈깨비 : 눈이 섞여 내리는 비.

의견이 있어요

- 생각과 까닭이 드러나게 글 쓰는 방법에 대해 알아보고, 바르게 써 봅니다.
- 글쓴이의 의견이 무엇인지 생각해 보고, 문장을 바르게 써 봅니다.
- 문장과 문장을 이어 주는 말(그리고, 그래서, 그러나)에 대해 알아보고, 문장과 낱말을 써 봅니다.
- 정확한 발음으로 낱말을 읽고, 바르게 써 봅니다.

글쓴이가 왜 중국에 가고 싶어 하는지 그 까닭을 생각하며 다음
문장을 바르게 써 보세요. 붉은 글씨에 특히 주의하세요.

나는 중국에 가고 싶

어. 왜냐하면 판다에 대

해서 자세히 알고 싶기

때문이야. 거기서 판다를

글쓴이가 왜 중국에 가고 싶어 하는지 그 까닭을 생각하며 다음 문장을 바르게 써 보세요. 판다에 대해 설명해 보세요.

직접 만져 보고, 판다가

좋아하는 먹이도 관찰할

수 있잖아? 그래서 중

국에 꼭 가 보고 싶어.

나는 어젯밤에 피자를

먹었다. 그리고 햄버거도

먹었다. 속이 더부룩했다.

그래서 소화제를 먹으려

다음 글을 쓰며 문장과 문장을 이어 주는 말에 대해 알아보고,
아래의 낱말을 바르게 써 보세요.

| 고 | | 약 | 상 | 자 | 를 | | 뒤 | 졌 | 다 | . | | 그 |

| 러 | 나 | | 눈 | 에 | | 띄 | 지 | | 않 | 았 | 다 | . |

배 아픈 게
당연하지.

맞아,
맞아!

| 그 | 리 | 고 |

| 그 | 래 | 서 |

| 그 | 러 | 나 |

다음 낱말을 정확한 발음으로 읽어 보고, 바르게 써 보세요.
한 글자씩 읽을 때와 이어 읽을 때의 소리가 달라요.

도라오던

돌	아	오	던

우스면서

웃	으	면	서

마는

많	은

가져쓰면

가	졌	으	면

끄더겨씁니다

끄	덕	였	습	니	다

다음 낱말을 정확한 발음으로 읽어 보고, 바르게 써 보세요.
한 글자씩 읽을 때와 이어 읽을 때의 소리가 달라요.

떠러진

떨	어	진
떨	어	진
떨	어	진

몰려드러씁니다

몰	려	들	었	습	니	다
몰	려	들	었	습	니	다
몰	려	들	었	습	니	다

주게써요

주	겠	어	요
주	겠	어	요
주	겠	어	요

이러나서

일	어	나	서
일	어	나	서
일	어	나	서

마냑

만	약
만	약
만	약

다음 낱말을 바르게 쓰고, 큰 소리로 읽어 보세요.

각 낱말의 뜻을 알아보세요.

너, 세수
했지?

물이 없어
못 했어.

설	거	지	찌	꺼	기	양	치	질	물
설	거	지	찌	꺼	기	양	치	질	물

세	수	빨	래	건	강	생	활	습	관
세	수	빨	래	건	강	생	활	습	관

따뜻한 눈길로

- 다음에 이어질 내용을 상상하며 글을 읽고, 문장을 바르게 써 봅니다.
- 고마운 마음을 전하는 편지 쓰기에 대해 살펴보고, 바르게 써 봅니다.
- 재미있게 꾸미는 말을 살펴보고, 낱말을 써 봅니다.
- 여러 가지 재미있는 수수께끼에 대해 살펴보고, 묻는 말을 바르게 써 봅니다.
- 낱말 이어 가기 놀이를 하고, 낱말을 바르게 써 봅니다.

다음 문장을 바르게 쓰고, 큰 소리로 읽어 보세요.
친구들이 나를 '땅꼬마'라고 부른 까닭은 무엇일까요?

나는 키가 아주 작다.

그래서 친구들은 나를

'땅꼬마'라고 부른다.

"야, 땅꼬마!"

나는 주먹을 불끈 쥐

고 형섭이를 노려보았다.

"땅꼬마가 노려보네.

노려보면 어쩔 건데?"

고마운 마음을 전하는 글을 바르게 써 보세요.
왜 이런 글을 쓰게 되었을까요?

힘들여 거두어들인 맛

있는 고구마를 보내 주

셔서 고맙습니다.

잘 먹겠습니다.

꾸미는 말을 바르게 써 보세요.
그리고 꾸미는 말을 국어 교과서에서 찾아보세요.

깜짝 놀라다	살짝 건드리다	실컷 놀다	무척 좋아하다	꾹 참다
깜 짝	살 짝	실 컷	무 척	꾹

주먹을 불끈 쥐다	벌떡 일어나다	함빡 웃다	빙그레 웃다
불 끈	벌 떡	함 빡	빙 그 레

여름에는 일하고 겨울

에는 쉬는 것은?

닦으면 닦을수록 더러

워지는 것은?

* 정답 : 선풍기, 부채 / 걸레, 수건

다음 문장을 바르게 쓰고,
재미있게 수수께끼를 풀어 보세요.

다 리 로   올 라 가 고   엉 덩

이 로   내 려 오 는   것 은 ?

산 은   산 인 데   오 르 지

못 하 는   산 은 ?

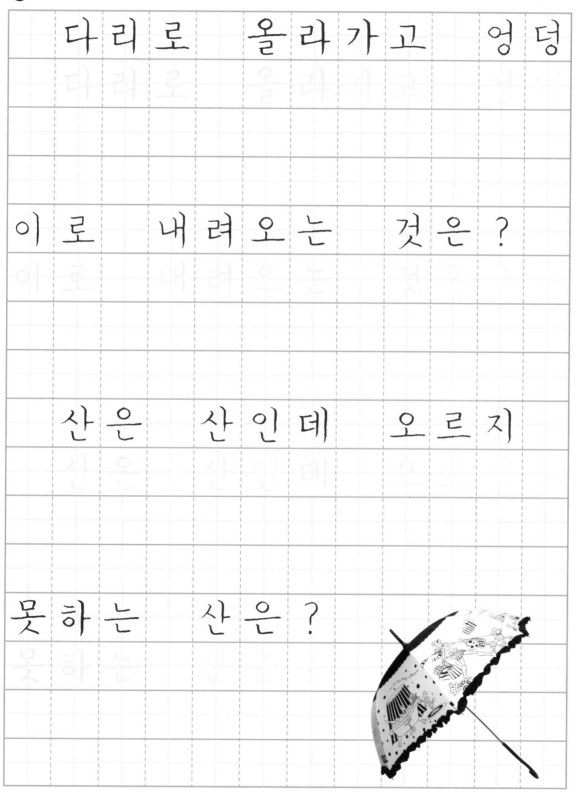

세 글자로 된 낱말의 가운데 글자로 시작하는 낱말을 이어
재미있는 말놀이를 해요. 다음 낱말을 바르게 써 보세요.

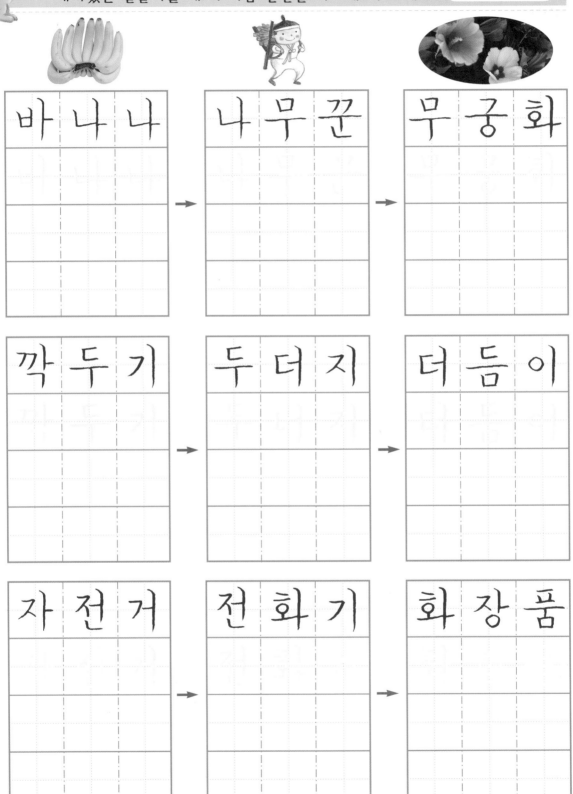

바나나 → 나무꾼 → 무궁화

깍두기 → 두더지 → 더듬이

자전거 → 전화기 → 화장품

재미가 새록새록

- 인물의 모습과 행동을 상상하며 글을 읽고, 문장을 바르게 써 봅니다.
- 글을 읽고 어떤 장면인지 이야기하고, 바르게 써 봅니다.
- '불개 이야기'에서 가려 뽑은 새로운 낱말을 써 봅니다.
- 재미있는 말이나 반복되는 말을 살펴보고, 낱말을 바르게 써 봅니다.
- 소리나 모양을 흉내 내는 말을 찾아보고, 낱말을 바르게 써 봅니다.

"앗, 뜨거워!"

해는 너무 뜨거웠습니

다. 불개의 몸이 검게

그슬렸습니다.

다음 문장을 바르게 쓰고, 큰 소리로 읽어 보세요.
어떤 장면인지 자유롭게 설명해 보세요.

"앗, 차가워!"

불개는 잇몸이 얼어붙

고 이빨이 시려 견딜

수가 없었습니다.

다음 낱말을 바르게 쓰고, 큰 소리로 읽어 보세요.
각 낱말에 대해 설명해 보세요.

용감한 불개.

착하기도 하지.

얼음장 입바람 잇몸 이빨

삽사리 불덩이 번개 궁궐

다음 낱말을 바르게 쓰고, 큰 소리로 읽어 보세요.
각 낱말에 대해 설명해 보세요.

불개를 낭떠러지
아래로 던졌대.

가여워라!

햇빛	달빛	후회	약속	온몸
햇빛	달빛	후회	약속	온몸
햇빛	달빛	후회	약속	온몸

현무	청룡	백호	낭떠러지
현무	청룡	백호	낭떠러지
현무	청룡	백호	낭떠러지

시냇물은 졸졸졸졸

고기들은 왔다갔다

버들가지 한들한들

꾀꼬리는 꾀꼴꾀꼴

소리나 모양을 흉내 내는 말을 바르게 쓰고,
큰 소리로 흉내 내어 보세요.

꾸벅꾸벅 졸다

꾸	벅	꾸	벅
꾸	벅	꾸	벅
꾸	벅	꾸	벅

바들바들 떨다

바	들	바	들
바	들	바	들
바	들	바	들

벌벌 떨다

벌	벌
벌	벌
벌	벌

가슴이 콩닥콩닥 뛰다

콩	닥	콩	닥
콩	닥	콩	닥
콩	닥	콩	닥

얼음이 꽁꽁 얼다

꽁	꽁
꽁	꽁
꽁	꽁

조르르 달려가다

조	르	르
조	르	르
조	르	르

소리나 모양을 흉내 내는 말을 바르게 쓰고,
큰 소리로 흉내 내어 보세요.

🐰 뭉게뭉게 피어오르다　　🦁 철벅철벅 바닷물을 가르다　　🐨 북북 뜯다

뭉	게	뭉	게
뭉	게	뭉	게
뭉	게	뭉	게

철	벅	철	벅
철	벅	철	벅
철	벅	철	벅

북	북
북	북
북	북

🐌 살금살금 걷다　　🐵 펄쩍펄쩍 뛰다　　🐭 졸졸 흐르다

살	금	살	금
살	금	살	금
살	금	살	금

펄	쩍	펄	쩍
펄	쩍	펄	쩍
펄	쩍	펄	쩍

졸	졸
졸	졸
졸	졸

소리나 모양을 흉내 내는 말을 바르게 쓰고,
큰 소리로 흉내 내어 보세요.

🐼 한들한들 흔들리다

한	들	한	들
한	들	한	들

🐭 덥적덥적 길을 가다

덥	적	덥	적
덥	적	덥	적

🐰 엉엉 울다

엉	엉
엉	엉

🐰 쭈뼛쭈뼛 망설이다

쭈	뼛	쭈	뼛
쭈	뼛	쭈	뼛

🐼 꾀꼴꾀꼴 울다

꾀	꼴	꾀	꼴
꾀	꼴	꾀	꼴

🐻 깽깽 짖다

깽	깽
깽	깽

소리나 모양을 흉내 내는 말을 바르게 쓰고,
큰 소리로 흉내 내어 보세요.

😊 깜빡깜빡 졸다

깜	빡	깜	빡
깜	빡	깜	빡
깜	빡	깜	빡

😊 쌔근쌔근 잠들다

쌔	근	쌔	근
쌔	근	쌔	근
쌔	근	쌔	근

😊 퍽퍽 퍼내다

퍽	퍽
퍽	퍽
퍽	퍽

😊 싱글벙글 웃다

싱	글	벙	글
싱	글	벙	글
싱	글	벙	글

😊 새록새록 생각나다

새	록	새	록
새	록	새	록
새	록	새	록

😊 바람이 솔솔 불다

솔	솔
솔	솔
솔	솔

소리나 모양을 흉내 내는 말을 바르게 쓰고,
큰 소리로 흉내 내어 보세요.

🐰 눈이 스르르르 감기다

스	르	르	르
스	르	르	르

🦁 사뿐사뿐 걷다

사	뿐	사	뿐
사	뿐	사	뿐

🐦 끙끙 앓다

끙	끙
끙	끙

🐌 초롱초롱 눈을 뜨다

초	롱	초	롱
초	롱	초	롱

🐹 느릿느릿 기어가다

느	릿	느	릿
느	릿	느	릿

🐭 방귀를 붕붕 뀌다

붕	붕
붕	붕

1, 2, 3, 4, 5······. 수를 나타내는 낱말을
바르게 써 보세요.

하나 둘 셋 넷 다섯

여섯 일곱 여덟 아홉

열 스물 서른 마흔 쉰

예순 일흔 여든 아흔

1, 2, 3, 4, 5……. 수를 나타내는 낱말을
바르게 써 보세요.

일 이 삼 사 오 육

칠 팔 구 십 이십

삼십 사십 오십 육십

칠십 팔십 구십 백 천

 아라비아 숫자를 바르게 쓰고, 큰 소리로 읽어 보세요.

1	2	3	4	5	6
7	8	9	10	20	30
40	50	60	70	80	90
100	1000	15	26	37

*두 자 이상의 아라비아 숫자는 한 칸에 두 자씩 넣어요.

맛있는 음식의 이름을 순서에 맞게 바르게 써 보세요.
그리고 알맞은 사진에 선으로 이어 주세요.

깍	두	기
깍	두	기

라	면
라	면

떡	볶	이
떡	볶	이

군	밤
군	밤

햄	버	거
햄	버	거

찌	개
찌	개

음	료	수
음	료	수

두	부
두	부

사람이나 동물의 몸과 관계있는 말을 바르게 쓰고,
각 낱말을 설명해 보세요.

눈꺼풀	잇몸	눈곱	무릎

더듬이	깃털	부리	가슴

코	눈	주먹	눈썹	몸통

뿔	발	마음	머리	다리

*'눈곱, 무릎'을 눈꼽, 무릅으로 쓰지 않도록 주의하세요.

까투리	장끼	암캐	수캐

암퇘지	수퇘지	암탉	장닭

암소	수소	황소	암말	수말

암양	숫양	암염소	숫염소

세 글자로 이루어진 동물의 이름을 바르게 써 보세요.

따	오	기

금	붕	어

두	더	지

두	꺼	비

비	둘	기

어	름	치

진	딧	물

까	마	귀

다	람	쥐

개	똥	벌	레

노	루

황	새

토	끼

사	슴	벌	레

방	아	깨	비

멸	치

쇠	똥	구	리

소	시	랑	게

나	귀

가슴이 콩닥콩닥 뛰다.

마음이 조마조마하다.

기분이 좋지 않다.

속이 몹시 더부룩하다.

버들가지

발자국

모닥불

태권도

심부름

무게

들판

컴퓨터

게으름

딱지

부엌

옹기 그릇은 흙으로 빚

어서 바람이 잘 통하지.

그래서 음식을 담아 놓

으면 쉽게 상하지 않지.

 짝을 이룬 낱말을 바르게 쓰고, 낱말의 뜻에 알맞은 그림을 둘 중에서 골라 선으로 이으세요.

봉	우	리
봉	우	리

봉	오	리
봉	오	리

싸	이	다
싸	이	다

쌓	이	다
쌓	이	다

껍	데	기
껍	데	기

껍	질
껍	질

열 심 히	잽 싸 게	살 짝	실 컷

몹 시	아 주	곤 잘	또 렷 이

불 끈	깜 짝	벌 떡	빙 그 레

돋	아	나	다

붙	들	다

다	니	다

두	드	리	다

묻	다

부	르	다

무	너	지	다

빠	지	다

만	들	다

"이제는 심부름도 척

척 잘하고, 다 컸구나."

'누구와 짝이 될까?'

"앗, 뜨거워!"

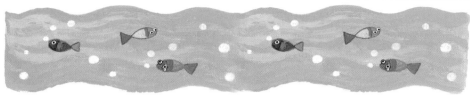

반복되는 말과 낱말을 바르게 쓰고, 관계있는 것끼리
선으로 이어 보세요.

졸	졸	졸	졸

꾀	꼬	리

한	들	한	들

시	냇	물

꾀	꼴	꾀	꼴

버	들	가	지

판다가 좋아하는 먹이

판다가 좋아하는 먹이

큰 소리로 떠드는 행동

큰 소리로 떠드는 행동

수만 개의 작은 눈

수만 개의 작은 눈

그날 겪은 일이나 생각

그날 겪은 일이나 생각

단원별 받아쓰기 급수표

- 어린이가 틀리기 쉬운 낱말·구절·문장을 단원별로 정리하고, 띄어써야 할 곳을 ∨로 표시하였습니다.
- 부모님이나 선생님께서 또박또박 불러 주시고, 어린이가 공책이나 별지에 받아쓰게 하세요.
- 띄어쓰기에도 주의하게 합니다.
- 받아쓰기를 마친 다음에는 반드시 체크하고, 틀린 곳은 정확히 익힐 수 있도록 이끌어 주세요.

단원별 받아쓰기 급수표

1단원 1step

① 일기
② 생각
③ 느낌
④ 그날그날∨겪은∨일
⑤ 어머니∨심부름
⑥ 기쁜∨하루
⑦ 더∨나은∨내일
⑧ 칭찬해∨주셔서
⑨ 낮에는∨맑았다.
⑩ 얼른∨다녀와서

1단원 2step

① 망아지
② 진딧물
③ 다람쥐
④ 황새
⑤ 코뿔소
⑥ 어름치
⑦ 소시랑게
⑧ 방아깨비
⑨ 쇠똥구리
⑩ 호랑나비

1단원 3step

① 냇가
② 햇볕
③ 찻잔
④ 봇도랑
⑤ 종잇장
⑥ 나뭇가지
⑦ 수탉
⑧ 장끼
⑨ 까투리
⑩ 암퇘지

1단원 4step

① 마음∨착한∨개구리
② 쌀∨한∨말을
③ 김칫국∨끓여
④ 밥∨말아∨먹고
⑤ 무엇∨먹고∨살았니?
⑥ 까마득한∨옛날
⑦ 바닷물을∨철렁철렁∨일으키며
⑧ 퍽퍽∨퍼내서
⑨ 넓은∨치마폭
⑩ 뾰족한∨산꼭대기

2단원 5step 단원별 받아쓰기 급수표

① 이를 ∨ 깨끗이 ∨ 닦습니다.
② 예쁜 ∨ 꽃이 ∨ 많습니다.
③ 민물 ∨ 새우의 ∨ 더듬이
④ 관찰하였습니다.
⑤ 봄나들이
⑥ 많은 ∨ 종류의
⑦ 같이 ∨ 갔던
⑧ 이름을 ∨ 여쭈어 ∨ 보았다.
⑨ 호랑이꼬리여우원숭이
⑩ 일찍 ∨ 일어나

2단원 6step 단원별 받아쓰기 급수표

① 깃털 ∨ 사이에 ∨ 파묻고
② 한쪽 ∨ 다리로 ∨ 서서
③ 빨리 ∨ 도망갈 ∨ 수 ∨ 있도록
④ 꾸벅꾸벅 ∨ 조는 ∨ 듯이
⑤ 깃털 ∨ 사이에 ∨ 넣습니다.
⑥ 열이 ∨ 빠져나가는 ∨ 것을
⑦ 매우 ∨ 위험합니다.
⑧ 오랜 ∨ 옛날부터
⑨ 까닭이 ∨ 있습니다.
⑩ 독도에서 ∨ 가까운 ∨ 곳

2단원 7step 단원별 받아쓰기 급수표

① 세 ∨ 개의 ∨ 봉우리
② 온통 ∨ 돌로 ∨ 이루어진
③ 남쪽 ∨ 지방 ∨ 사투리
④ 먼저 ∨ 간 ∨ 개미는
⑤ 작고 ∨ 가벼운 ∨ 먹이
⑥ 서로 ∨ 돕고 ∨ 삽니다.
⑦ 진딧물을 ∨ 잡아먹으러
⑧ 사이좋게 ∨ 나누어 ∨ 먹습니다.
⑨ 깨끗한 ∨ 물에서만
⑩ 강의 ∨ 가장자리에 ∨ 모읍니다.

3단원 8step 단원별 받아쓰기 급수표

① 며칠 ∨ 전부터
② 활발하고 ∨ 재미있는 ∨ 친구
③ 자주 ∨ 꾸중을 ∨ 듣는다.
④ 말을 ∨ 안 ∨ 걸었으면 ∨ 좋겠다.
⑤ 공부 ∨ 시간에는
⑥ 맛있는 ∨ 음식을
⑦ 가는 ∨ 말이 ∨ 고와야
⑧ 오는 ∨ 말이 ∨ 곱다.
⑨ 가는 ∨ 과자가 ∨ 커야
⑩ 도와줘서 ∨ 고마워.

①가슴이∨콩닥콩닥∨뛰었습니다.
②마음이∨조마조마하였습니다.
③울상이∨되고∨말았습니다.
④심한∨장난꾸러기
⑤짝꿍∨바꾸는∨날
⑥심술쟁이
⑦알은체도∨하지∨않았습니다.
⑧좋은∨자리를∨잡고
⑨한참∨기다렸다가
⑩아무것도∨없었습니다.

①아이고,∨큰일∨났네.
②저희를∨살려∨주세요.
③부탁해요,∨어부님.
④집∨앞에서∨축구를∨하는데,
⑤시끄럽다고∨하셨다.
⑥꾸중을∨들으니
⑦기분이∨좋지∨않았다.
⑧긴∨코를∨휘두를∨테야.
⑨눈을∨동그랗게∨뜨고
⑩등을∨부드럽게∨쓸었습니다.

①집에∨갈∨때,
②너와∨꼭∨가∨보고∨싶어.
③신기한∨달팽이를∨보았거든.
④잘∨있는지∨궁금해.
⑤오후에∨우리∨집에서
⑥같이∨숙제하지∨않을래?
⑦모르는∨것을
⑧서로∨가르쳐∨주면∨좋잖아?
⑨응원을∨하나∨봐요
⑩어디서∨배웠을까

①대궐∨같은∨집에서
②하룻밤을∨묵게∨되었지.
③두런거리는∨소리에
④잠을∨깼어.
⑤영감이∨재주를∨넘더니
⑥호랑이로∨변하네.
⑦잽싸게∨주먹을∨날렸지.
⑧달팽이가∨이사를∨간다.
⑨코알라가∨라면을∨먹는다.
⑩사자가∨자전거를∨탄다.

4단원 13step 단원별 받아쓰기 급수표

①꼬리를 ∨ 흔들어 ∨ 대며
②꼭 ∨ 하마 ∨ 입 ∨ 같다.
③우리 ∨ 반 ∨ 아이들이
④우습다고 ∨ 히히거렸다.
⑤선생님 ∨ 얼굴이 ∨ 어떻게 ∨ 보여?
⑥풀과 ∨ 벌레를
⑦지렁이를 ∨ 돋보기로 ∨ 보면
⑧안 ∨ 무서워?
⑨환호성을 ∨ 지르며
⑩운동장 ∨ 여기저기로 ∨ 다니며

5단원 14step 단원별 받아쓰기 급수표

①물고기의 ∨ 눈에는
②눈꺼풀이 ∨ 없기 ∨ 때문에
③눈을 ∨ 뜨고 ∨ 잡니다.
④사람은 ∨ 눈을 ∨ 감고 ∨ 잡니다.
⑤수만 ∨ 개의 ∨ 작은 ∨ 눈으로
⑥이것을 ∨ 겹눈이라고 ∨ 합니다.
⑦팔씨름에서 ∨ 이기려면
⑧손을 ∨ 마주 ∨ 잡고
⑨재빨리 ∨ 손목에 ∨ 힘을 ∨ 주어
⑩안쪽으로 ∨ 구부려야

5단원 15step 단원별 받아쓰기 급수표

①옹기그릇에
②음식물을 ∨ 담아 ∨ 놓으면
③쉽게 ∨ 상하지 ∨ 않지.
④맛도 ∨ 더 ∨ 좋아진단다.
⑤진흙으로 ∨ 만든 ∨ 그릇
⑥옹기전에 ∨ 갔다 ∨ 왔다고
⑦줄지어 ∨ 서 ∨ 있는 ∨ 항아리
⑧어째서 ∨ 그래요?
⑨흙으로 ∨ 빚어서
⑩바람이 ∨ 잘 ∨ 통하기 ∨ 때문이지.

5단원 16step 단원별 받아쓰기 급수표

①음료수나 ∨ 음식물을
②가지고 ∨ 들어가서는 ∨ 안 ∨ 됩니다.
③큰 ∨ 소리로 ∨ 떠드는 ∨ 행동으로
④피해를 ∨ 주지 ∨ 않아야 ∨ 합니다.
⑤여러분의 ∨ 꿈을
⑥더 ∨ 크게 ∨ 키우세요.
⑦주의할 ∨ 점
⑧도서관 ∨ 회원증이 ∨ 있으면
⑨책을 ∨ 빌려 ∨ 갈 ∨ 수 ∨ 있습니다.
⑩자료실을 ∨ 이용할 ∨ 수 ∨ 있도록

6단원 17step 단원별 받아쓰기 급수표

① 내일∨제∨생일에
② 아빠와∨동물원에∨가고∨싶어요.
③ 책이나∨비디오로만∨보고
④ 이야기도∨많이∨나누고∨싶어요.
⑤ 재미있게∨놀다∨와요.
⑥ 아빠는∨너무∨지쳤어.
⑦ 한∨번도∨없거든요.
⑧ 고릴라를∨정말∨좋아하지만,
⑨ 고개를∨끄덕였습니다.
⑩ 사람들이∨몰려들었습니다.

6단원 18step 단원별 받아쓰기 급수표

① 나는∨중국에∨가고 싶어.
② 왜냐하면
③ 판다에∨대해
④ 자세히∨알고∨싶기∨때문이야.
⑤ 판다가∨좋아하는∨먹이도
⑥ 관찰할∨수∨있잖아?
⑦ 어젯밤에∨피자를∨먹었다.
⑧ 그리고∨햄버거도∨먹었다.
⑨ 눈에∨띄지∨않았다.
⑩ 소화제를∨먹으려고

6단원 19step 단원별 받아쓰기 급수표

① 물∨없이∨살∨수∨없어요.
② 생활을∨편리하게∨해∨줍니다.
③ 세수,∨설거지,∨빨래∨등을
④ 농사도∨짓습니다.
⑤ 몸속의∨찌꺼기가∨나가게
⑥ 물을∨아껴∨써야∨합니다.
⑦ 양치질을∨할∨때에도
⑧ 필요한∨만큼
⑨ 물을∨아끼는∨습관
⑩ 건강에∨도움을∨줍니다.

7단원 20step 단원별 받아쓰기 급수표

① 마음을∨담은∨편지
② 책을∨사∨주셔서∨고맙습니다.
③ 앞으로∨열심히∨공부할게요.
④ 하늘을∨날아갈∨것만∨같아요.
⑤ 아버지,∨사랑해요!
⑥ 힘들여∨거두어들인
⑦ 맛있는∨고구마를∨보내∨주셔서
⑧ 잘∨먹겠습니다.
⑨ 엄마만큼∨소중한∨사람은
⑩ 세상에∨없습니다.

단원별 받아쓰기 급수표
7단원 21step

① 나는 ∨ 키가 ∨ 아주 ∨ 작다.
② 주먹을 ∨ 불끈 ∨ 쥐고
③ 노려보면 ∨ 어쩔 ∨ 건데?
④ 아버지께서 ∨ 빙그레 ∨ 웃으셨다.
⑤ 꾹 ∨ 참고 ∨ 집으로 ∨ 돌아왔다.
⑥ 1학년 ∨ 동생들도
⑦ 형이라고 ∨ 부르지 ∨ 않고
⑧ 밤늦은 ∨ 시간에
⑨ 무슨 ∨ 일로 ∨ 오셨습니까?
⑩ 커다란 ∨ 곰 ∨ 인형

단원별 받아쓰기 급수표
7단원 22step

① 꼭 ∨ 껴안았습니다.
② 아주머니와 ∨ 아이의 ∨ 등 ∨ 뒤로
③ 저는 ∨ 이제 ∨ 2학년이에요.
④ 뒷모습을 ∨ 바라보며
⑤ 소금 ∨ 장수가 ∨ 고개를 ∨ 넘어가다
⑥ 갑자기 ∨ 벌떡 ∨ 일어나는 ∨ 바람에
⑦ 등잔불을 ∨ 켜고
⑧ 커다란 ∨ 선물 ∨ 꾸러미
⑨ 크레파스와 ∨ 도화지를
⑩ 로봇은 ∨ 금세 ∨ 일기를 ∨ 써서

단원별 받아쓰기 급수표
8단원 23step

① 버들가지 ∨ 한들한들
② 시냇물은 ∨ 졸졸졸졸
③ 고기들은 ∨ 왔다갔다
④ 꾀꼬리는 ∨ 꾀꼴꾀꼴
⑤ 꼬부랑 ∨ 고갯길을
⑥ 검은 ∨ 것은 ∨ 바위
⑦ 하늘은 ∨ 푸르다.
⑧ 지팡이를 ∨ 짚는다고
⑨ 냇가에서 ∨ 빨래를 ∨ 한다고
⑩ 까마귀는 ∨ 검다.

단원별 받아쓰기 급수표
8단원 24step

① 불개는 ∨ 쏜살같이 ∨ 뛰어올라
② 앗, ∨ 뜨거워!
③ 불을 ∨ 내뿜었습니다.
④ 해는 ∨ 너무 ∨ 뜨거웠습니다.
⑤ 몸이 ∨ 검게 ∨ 그슬렸습니다.
⑥ 입바람을 ∨ 불어 ∨ 댔습니다.
⑦ 앗, ∨ 차가워!
⑧ 잇몸이 ∨ 얼어붙고 ∨ 이빨이 ∨ 시려
⑨ 와락 ∨ 달려들어
⑩ 견딜 ∨ 수가 ∨ 없었습니다.

단원별 받아쓰기 급수표

8단원 25step

① 여덟
② 아홉
③ 스물
④ 서른
⑤ 쉰
⑥ 아흔
⑦ 일곱
⑧ 여든
⑨ 예순
⑩ 다섯

우리말 꾸러미 26step

① 길다 ∨ 짧다
② 많다 ∨ 적다
③ 무겁다 ∨ 가볍다
④ 넓다 ∨ 좁다
⑤ 올라가다 ∨ 내려가다
⑥ 앉다 ∨ 서다
⑦ 춥다 ∨ 덥다
⑧ 크다 ∨ 작다
⑨ 두껍다 ∨ 얇다
⑩ 뜨겁다 ∨ 차갑다

우리말 꾸러미 27step

① 오순도순 ∨ 사이좋게 ∨ 지내자.
② 해님이 ∨ 활짝 ∨ 인사합니다.
③ 날씨가 ∨ 몹시 ∨ 덥구나.
④ 베개가 ∨ 너무 ∨ 높으면
⑤ 내 ∨ 동생은 ∨ 개구쟁이입니다.
⑥ 강아지 ∨ 발자국이 ∨ 찍혀 ∨ 있다.
⑦ 눈에 ∨ 눈곱이 ∨ 잔뜩 ∨ 끼었다.
⑧ 구수한 ∨ 된장찌개
⑨ 빨간 ∨ 사과 ∨ 껍질
⑩ 달걀 ∨ 껍데기는 ∨ 단단하다.

우리말 꾸러미 28step

① 그림의 ∨ 색이 ∨ 바래다.
② 소원이 ∨ 이루어지기를 ∨ 바라다.
③ 책이 ∨ 산더미처럼 ∨ 쌓이다.
④ 선생님이 ∨ 아이들에게 ∨ 둘러싸이다.
⑤ 생선 ∨ 장수 ∨ 아저씨
⑥ 우리 ∨ 형은 ∨ 힘이 ∨ 장사입니다.
⑦ 무엇이든 ∨ 할 ∨ 수 ∨ 있어요.
⑧ 책을 ∨ 읽으면 ∨ 생각이 ∨ 깊어집니다.
⑨ 이런 ∨ 것을 ∨ 곧잘 ∨ 물어 ∨ 가니까요.
⑩ 북어 ∨ 한 ∨ 마리를 ∨ 물어 ∨ 내옵니다.